Die LYRIKEDITION 2000 wird herausgegeben von
Heinz Ludwig Arnold

Das Buch

Michael Groißmeier, der »Orpheus unter den deutschen Lyrikern«, stellt in seinem neuen Gedichtband die Frage: »Warum genügt uns nicht die Erde? Warum träumen wir von Atlantis, Orplid und dem Garten Eden?«
Bereits in seinem Auswahlband »Charons Blick« glaubt Groißmeier den Versprechungen auf das jenseitige Paradies nicht. Nun verstärkt sich sein Mißtrauen, und er zweifelt, ob das himmlische Manna das irdische Brot aufwiegen kann. Er befürchtet, »dort« werde Sprachlosigkeit herrschen und eisiges Schweigen.
Groißmeier appelliert an die Menschheit, die Zeit zu nutzen und sich schon auf Erden den erhofften Garten Eden einzurichten. Jedoch nicht durch exzessive Naturausbeutung bzw. Naturzerstörung, sondern im Sinne eines bescheideneren Lebens im Einklang mit der Natur, die alle Bedingungen für ein erfülltes Leben bereitstellt: »Wir sollten uns nicht überschätzen / mit unserer Sprache, / mit der wir nicht bestehen können / neben der Sprache / der Wale, Delphine!«

Der Autor

Michael Groißmeier, geboren 1935 in München, ist Lyriker und Erzähler. Zahlreiche Publikationen: Lyrik, deutsches Haiku, Nachdichtung japanischer Haiku, ein Roman, Erzählungen. Sein literarisches Werk wurde ausgezeichnet u.a. mit der Bürgermedaille der Großen Kreisstadt Dachau (1984), der Ehrengabe der Stiftung zur Förderung des Schrifttums (1986) und dem Verdienstkreuz am Bande des Verdienstordens der Bundesrepublik Deutschland (1998); außerdem war er Ehrengast der Deutschen Akademie Villa Massimo in Rom (1988/89). Michael Groißmeier ist Mitglied der süddeutschen Literatenvereinigung »Die Turmschreiber«. Von Groißmeier erschienen die Gedichtbände »Mein irdisches Eden« (2001) und »Charons Blick« (2003) in der LYRIKEDITION 2000.

Michael Groißmeier

Warum genügt uns nicht die Erde?

Gedichte

LYRIKEDITION 2000

Die LYRIKEDITION 2000 ist ein Books on Demand-Verlag der Buch&media GmbH, München. Dieser Verlag publiziert ausschließlich Books on Demand in Zusammenarbeit mit der Books on Demand GmbH, Norderstedt, und dem Hamburger Buchgrossisten Libri. Die Bücher werden elektronisch gespeichert und auf Bestellung gedruckt, deshalb sind sie nie vergriffen. Books on Demand sind über den klassischen Buchhandel und Internet-Buchhandlungen zu beziehen.

Weitere Informationen über den Verlag und sein Programm unter:
www.lyrikedition-2000.de

Bibliographische Information Der Deutschen Bibliothek

Die Deutsche Bibliothek verzeichnet diese Publikation in der Deutschen Nationalbibliographie; detaillierte bibliographische Daten sind im Internet über <http://dnb.ddb.de> abrufbar.

LYRIKEDITION 2000
Ein Books on Demand-Verlag der Buch&media GmbH, München
© 2004 Michael Groißmeier
Umschlaggestaltung: Bauer+Möhring, Berlin
Herstellung: Books on Demand GmbH, Norderstedt
Printed in Germany · ISBN 3-86520-050-8

I

Lebenslang
den hingestreuten Sternensamen
vor Augen –

Lebenslang
in Erwartung seines Aufgehns.

                            M.G.

SCHERZBOLDE

Als Kinder spielten wir
tot sein,
ließen uns ins Gras fallen
und rührten uns nicht mehr –

bis wir es nicht mehr aushielten
und losprusteten vor Lachen.

Tote, die mir die Mutter
im Leichenhaus zeigte,
hielt ich für Scherzbolde,
die sich verstellten.

Lehrstunde beim Vater

Was ein Jude sei,
wollte ich wissen
vom Vater
als Kind.
Auch nichts anderes
als du und ich,
sagte er leise,
weder beim
Sehen,
Hören,
Riechen,
Fühlen
noch beim
Denken,
Reden,
Lachen,
Weinen –
Atmen,
Entatmen.

DAMALS, IM MAI 1945

Als uns die Amerikaner
im Keller unseres Hauses
gefangen hielten,
uns zu erschießen drohten
wegen Waffenbesitzes,
auf dem die Todesstrafe stand,
fing mein vom Ersten Weltkrieg her
invalider Vater
den Schmerzhaften Rosenkranz
zu beten an.
Meine Mutter und meine Schwester
fielen schluchzend mit ein,
indessen ich, ein zehnjähriger
Guckindieluft,
nicht recht bei der Sache war,
weil mir das monotone Beten
zu langweilig schien.
Vielmehr kam mir
die bevorstehende Erschießung
viel interessanter vor.
Die Neugierde auf das Sterben
überwog die Todesangst,
damals noch,
im Mai 1945.

Drei Sekunden

Landwirtssohn,
ohne Anspruch auf das Hoferbe,
königlich-bayerischer Armierungssoldat
im Ersten Weltkrieg,
Heizer in einer Papierfabrik,
Invalidenrentner –
Stationen eines nur scheinbar
einfachen Lebens.
Der Sohn sollte es besser haben,
darum schickte ihn der Vater
in das Erzbischöfliche Knabenseminar
in der benachbarten Domstadt.
Mindestens dreimal im Jahr
fuhr er mit dem Fahrrad dorthin,
den Zögling zu besuchen.

In freudiger Erwartung
stürmte ich die Treppe hinunter
in den Lichthof,
wo der Vater auf mich wartete.
Iatz kimp a! sagte er schlicht,
doch voller Herzlichkeit.

Jetzt mit siebzig
nähme ich mit Freuden
die Mühsal eines Zöglingslebens
erneut auf mich
– acht lange Lebensjahre –,
einzig und allein
dieser drei Sekunden wegen,
die dem Vater genügten für sein
schlichtes *Iatz kimp a!*

Die Würde des Todes

Die Mutter fand ich
auf dem Küchenboden liegend,
tot.

Der herbeigerufene Arzt und ich
legten sie auf ihr Bett
im Schlafzimmer.

Wir banden ihr den Unterkiefer
mit einer wahllos aus dem Schrank
gegriffenen Unterhose hinauf.

Wie die Löffel eines Langohrs
standen die Hosenbeine
von ihrem Kopf ab –

So also schaut sie aus,
die Würde des Todes!

Das erste Gedicht

Sehr deutlich,
noch nach Jahren,
der Tag, an dem mir
das erste Gedicht gelang.

Nicht im Gedächtnis behalten
die Tage der vergeblichen
Versuche:
Zeit, die sich nach
Jahren bemißt.

Eine Handvoll Körner

Oftmals, wenn ich am Schreibtisch sitze
und nachsinne über Wörter,
die sich zu Versen fügen sollen,
verspüre ich Unruhe in den Beinen,
so daß ich aufspringen möchte,
hinauseilen auf den Acker,
auf dem jahrhundertelang
meine Vorfahren pflügten, säten, ernteten.
Welch ein Glücksgefühl
mögen sie verspürt haben,
wenn sie eine Handvoll Körner
aus dem Sack nahmen
und durch die Finger rieseln ließen,
diese eine Handvoll Körner,
schwerer wiegend als meine
Handvoll Verse.

WAS BLEIBE ICH RUHIG?

Um Mitternacht,
wenn ich am Schreibtisch sitze,
über Verse nachsinne,
beginnen sie zu reden,
die Bücher im Regal.

Ich höre, wie Smerdjakoff
seinem Halbbruder Iwan
den Vatermord gesteht,
ihn anschuldigt,
der Anstifter zu sein.

Ich höre ihn anklagen:
Du bist der Hauptmörder,
ich war nur dein Handlanger,
handelte nach deinen Worten:
Alles ist erlaubt!

Und plötzlich spüre ich
den Dritten
zwischen Smerdjakoff und Iwan,
spüre Gott,
den ich suche wie diese.

Was bleibe ich ruhig,
sinne über Verse nach,
wenn ich wie Smerdjakoff und Iwan
Gott nicht finde –
zunächst?

DOPPELHAIKU

Verse ersinnen
wie der Apfelbaum Blüten –
ach, wenn ich's könnte!

Wahrlich ein Dichter
der Baum, dem nachzueifern,
vermessen erscheint!

Gelungener Tag

Keine Zeile geschrieben
über dem Versuch,
die Zeichen
von Licht und Schatten
zu deuten –
vergeblich.

Trotzdem
ein gelungener,
chinesisch anmutender Tag.

OFFENBARUNG

Keine Zeile geschrieben,
nur zugesehn,
wie eine Libelle
aus ihrer Larve schlüpfte,
wie ihr die Luft
die Flügel trocknete,
wie sie taumelnd entschwirrte.

Keine Zeile geschrieben,
und doch:
Hat sich mir nicht
die Strophe eines Gedichts
offenbart?

Auch in Gedichten

Würdest du mich wiedererkennen
in meinen Gedichten,
wenn man sie dir vorlegte
ohne meinen Namen?

Kann man sich dermaßen verstellen,
daß man unkenntlich wird,
gesichtslos –
auch in Gedichten?

Unzulängliche Zeugen

Ich weiß,
ich bin schuldig:
Zuviel Aufmerksamkeit
schenke ich dem Schreiben.
Zeit,
die ich dir entziehe,
Zuwendung.
Ich werde Rechenschaft
ablegen müssen,
und meine Verse,
unzulängliche Zeugen,
werden mich nicht
entlasten.

Mein Portrait

Mein Portrait an der Zimmerwand
schaut mir beim Schreiben von Versen zu –
mit einem skeptischen Zug um den Mund,
wie mir scheint.

Gab es einen Grund zur Skepsis,
damals, als mich der Maler malte?
Sah er voraus,
daß ich einmal zweifeln würde
an meinen Versen,
verzweifeln?

Beim Lesen in einer Anthologie

Dem hochverehrten Dichter
wird es nicht gerecht,
wenn sich neben seinem Namen
derjenige Brechts findet,
der nach dem niedergeschlagenen
Arbeiteraufstand in der DDR
am 17. Juni 1953
eine Ergebenheitsadresse
an den Genossen Vorsitzenden gerichtet,
insgeheim aber
die Forderung aufgestellt hat,
die Regierung möge sich gefälligst
ein neues Volk suchen,
wenn ihr das alte nicht mehr passe.
Wie verträgt sich das
mit dem Imperativ
der Wahrhaftigkeit des Dichters?

Sentenz

Ich liebe das geschriebene Wort,
weil es nicht lärmt
wie das gesprochene.

Ankunft in Rom

Angekommen in einer Stadt,
in der sich, so sagt man,
leichter leben läßt
als anderswo –

ob aber auch leichter sterben?

Vielleicht kommt hier der Tod
als Eisverkäufer verkleidet
wie der hier am Bahnsteig
und schwatzt mir
wie dieser sein Limoneneis
heiter-aufdringlich
das Sterben auf.

Rom, Statione Termini

Als erstes
ein Glas Zitronensaft
gegen den Durst.

Bitterkühl
schmecke ich am Gaumen
den römischen Tod.

Fremd in Rom

Ich sitze im Pinienschatten,
im Blickfeld der Lazerte,
die an der Parkmauer sich sonnt.

Ob sie in mir den Fremden erkennt,
den es ehrenhalber
hierher verschlagen hat.

Sooft ich ihm auch nachrücke
mit meinem Stuhl aus Eisengeflecht,
der Pinienschatten zieht sich
vor mir zurück.

Mit leisem Rucken
folgt die Lazerte der Sonne,
läßt mich nicht aus den Augen,
hat noch nicht genug von mir
und meiner Fremdheit.

Im Park der Villa Massimo

I

Auge in Auge
mit der Lazerte.

Wen erkennt sie in mir,
was ich in ihr?

Ich suche nach Worten für etwas,
das nicht zu benennen ist.

II

Hier in Rom
schau ich dem Tod
furchtloser ins Auge –

blickt er mich doch an
mit den Augen einer Lazerte.

III

Wenn die letzte Pinie
gestorben sein wird,
werden die kommenden Geschlechter
ihr Nadelklirren
immer noch hören
in *I Pini di Roma*
von Ottorino Respighi.

Pini Romae

Das Klirren der Nadeln
lateinisch.
Sofort habe ich es verstanden
als Schüler Catulls.

II

Der Maler sagt:

Ich male den Schmerz
ohne das Gesicht,
das ihn entwürdigt.

Torso

Armlos.
Beinlos.

Auf *starkem Hals*
kein *apfelkleines Haupt*.

Die Tonnenbrust.

Die Pfeile prallen ab,
der Tod zerbricht
an ihr,
dem *Schild aus Erz*.

Morandis Schalen

Vielleicht lieben auch Sie
Morandi,
schrieb mir der Dichter,
er trinke nur mehr
aus dessen Schalen,
die mit nichts anderem
gefüllt seien
als mit Licht.

Vincent van Gogh

Wieder bei den Eltern
in Nuenen.

In einem Brief
an seinen Bruder Theo
beklagt er *eine gewisse
eherne Härte und Eiseskälte*
des Vaters, des Pfarrers,
*ähnlich trockenem Sand,
Glas oder Blech.*

Er kapselt sich ab,
richtet in der Bügelkammer
des Pfarrhauses
ein Atelier ein.

Vom Fenster aus zeichnet er
den *Pfarrhausgarten im Winter.*

In der Verlassenheit der Bäume
erschaut er seine eigne:
Die Äste streben zurück
in den Stamm,
zurück in die Wurzeln,
suchen in der Erde
den Himmel,
der unerreichbar war,
oben.

GOTTESLOHN

Luka, Bastard einer Dirne
und eines Adligen,
nennt sich *Aretino*
nach seiner Vaterstadt Arezzo,
aus der man ihn verbannt,
als er sie satirisch
aufs Korn nimmt.
Seinem Wahlspruch gemäß
Wahrheit erzeugt Haß
verfaßt er Sonette,
die er sich fürstlich
bezahlen läßt.
Den Papst beschimpft er
als Knauser,
den lieben Gott aber
läßt er in Frieden.
Der lohnt es ihm
durch die Gnade
einer fröhlichen Todesart:
Aretino lacht sich tot.

DER KÖNIG VON SPANIEN
nach Nikolaij Gogol

Ich bin der König von Spanien!
Seltsame Bräuche
herrschen in meinem Land.
Ich sitze in einem Zimmer
mit vergitterten Fenstern.
Die Granden um mich herum haben
glattrasierte Köpfe.
Auch mich haben sie geschoren,
träufeln eiskaltes Wasser
auf mein Haupt.
Der Staatskanzler schlägt mich
mit dem Stock –
wohl ein ritterlicher Brauch,
den ich hinnehme.
Aber warum nennt er mich
Axentij Iwanowitsch,
Titularrat, Edelmann,
mich, König Ferdinand VIII.
von Spanien,
hält die Hofetikette nicht ein?

OBLOMOW

Mein Leben:
Liegen und Dösen
auf dem Diwan
mit geschlossenen Augen.

Eingehüllt in meinen Chalat,
erwarte ich nichts
als den Schlaf.

Will er mich holen,
soll er kommen,
der Tod,
zu mir
auf die Wyborger Seite!

Tschechow lesend

Das Leben ein Kirschgarten,
der sich später als Kirchhof
mit Kirschbäumen erweist.

Die Kirschblüten strömen
Leichengeruch aus.

Von ihrem blendenden Weiß
wird man blind.

Der Tod nähert sich summend
inmitten von Bienen.

Leb wohl, mein Freund, leb wohl!

Jessenins verzweifelte Suche
nach seinen alten Freunden
in Leningrad –
vergeblich.

In einem Zimmer
im Hotel *Angleterre*
riegelt er sich ein.

Am Morgen des
siebenundzwanzigsten November
schreibt er das Abschiedsgedicht:
Do swidanja, moi drug, do swidanja!

Vers und Widmung an den
jungen Leningrader Dichter Erlich
Für dich, aber lies es nicht ...
schreibt er mit seinem Blut.

Dann erhängt er sich
mit einer Kofferschnur
am Rohr der Zentralheizung.

So macht er wahr,
was er zehn Jahre zuvor
angekündigt hatte
in einem Gedicht:

*... erhänge mich in grüner Nacht
am Fensterkreuz mit meinem Ärmel.*

Man findet ihn,
auf den Lippen das Lächeln
des Rjasaner Dorfschülers von einst,
den sie Serjoga-monach nannten,
Mönch.

An Mandelstamm

Deine stille Freude:
atmen dürfen.

Atmen aber macht verdächtig.
Atmen ist subversiv.

Atmen wird bestraft
mit Verbannung,
Tod.

Jedoch,
dein Atem,
Ossip Emiljewitsch,
wird überleben
im Atem deiner Gedichte.

Apollinaire

Er vernimmt auf dem Fluß
des Fährmanns *einsamen Gesang,*
will nicht mehr hören
seine *dumpfe Weise.*

Charon wird ihm den Gefallen tun,
sang- und klanglos
ihn übersetzen
an das jenseitige Ufer.

Novalis

Dem Tod wollte er
ein Bruder sein.
Er hatte Mitleid
mit dem Geschwisterlosen.
Der Tod aber
nahm sich Novalis' Verlobte,
die sechzehnjährige Sophie,
zur Schwester.

HÖLDERLIN

*Es fehlt mir weniger an Licht
als an Schatten.*

Als unheilbar Geisteskranker
aus dem Tübinger *Clinicum* entlassen.

Dem Schreinermeister Zimmer
zur Pflege anvertraut.

Untergebracht in einem
turmartigen Anbau
des Zimmerschen Hauses.

Nun zieht es sich zurück von ihm,
das Licht,
überläßt ihn den Schatten,
mit denen er
noch sechsunddreißig Lebensjahre
schweigt.

Die Schreibfeder aber
hält er bis zuletzt
in der Hand.

Heinrich Heines Gedichte

Als ihm Erde stopfte
den Mund,
fragten weiter
seine Gedichte –

hören nicht auf
zu fragen
bis heute.

Robert Walser

Unter Menschen
wagt er kaum, Luft zu holen.

Seinen Schritt empfindet er als
unzart und frech.

Zum Atmen
auf den Rosenberg.

Die letzten Schritte
dämpft Schnee.

Erinnerung an Friedrich Schnack

Der sich auskannte
in Madagaskar,
den Rückweg zu seiner
Münchner Wohnung
konnte er mir nicht nennen.
Hilflos saß er in meinem Auto,
während ich mich durchfragte
bei Passanten.
Da fing er zu reden an,
mehr zu sich selbst als zu mir,
sprach vom Garten Eden
und war voller Zuversicht,
ihn nicht zu verfehlen,
da er ihn gleich erkenne
als seine Heimat,
Franken.

H. B. zum Gedenken

Kehren Sie Ihrer Heimatstadt
den Rücken,
das wird Ihren Gedichten guttun,
riet mir der Dichter,
denken Sie an Chagall,
der nie und nimmer
Weltruhm erlangt hätte,
wäre er in seinem belorussischen
Witebsk geblieben –
das riet er mir,
der aus seiner Heimat Vertriebene,
der sich zeit seines Lebens
das Heimweh
von der Seele geschrieben hat,
das Heimweh nach seiner
Gleiwitzer Kindheit.

DER DICHTERFREUND
für H. P.

Seine Verse schreibt er
mit dem Federkiel.

Dessen bedient er sich,
um seinen Zeigefinger
zu verlängern.

So verschafft er sich die Fähigkeit,
hinzudeuten auf Dinge,
die außer ihm
kein anderer sieht:

wie das Licht zu Flügeln
des Zitronenfalters gerinnt,
die Luft eine Seele trägt
bis zu den Gestaden
des ewigen Seins.

Ein Freund der Dächer

Er ist ein Freund der Dächer.
In Gedanken sitzt er
auf einem Dachfirst,
läßt die Beine über dem
Abgrund baumeln.
Den Tauben, die ihn nicht
als störend empfinden,
blickt er ins wissende Auge.
Dem entnimmt er die Weissagung
des Flugs über das
Sichtbare hinaus.
Unten im Gottesacker
der Erdhaufen über dem
frisch aufgeschütteten Grab
nicht größer als ein
Maulwurfshügel.
Aus der Taubenperspektive
läppisch der Erdengang.

Die Frau des Dichters

Der einzige Grund für sie,
noch dazusein auf dieser Erde:
ihr nach einem Treppensturz
im Koma liegender Mann,
den sie seit Monaten
in der Klinik besucht,
ihm die Hand hält
und zu ihm spricht,
fest davon überzeugt,
er könne sie verstehn.

Dabei ist sie selber todkrank,
spürt, wie der Tumor in ihrem Kopf
wächst und wächst
und sie vergeßlich macht.
Doch die ärztlicherseits
dringend angeratene Operation
schiebt sie von Woche zu Woche hinaus,
um bei ihrem Mann zu sein.

Nun ist sie bald achtzig,
hat Mühe, sich selbst zu versorgen.
Sie vergißt das Einkaufen,
die Zubereitung der Mahlzeiten,
begnügt sich mit einer Tasse Tee.
Wie lange noch wird sie durchhalten?

Einen Zettel, auf dem sie vorsorglich
die Adresse der Klinik sowie ihre eigene
mit ihrem Namen notiert hat,
gibt sie dem Taxifahrer.
Allein würde sie nicht mehr
hin- und zurückfinden.
Inzwischen hat sie vergessen,
in welcher Klinik
ihr Mann sich befindet,
hat vergessen, wo sie wohnt.

Nun ist sie bald achtzig,
ist am Ende ihrer Kraft.
Am liebsten möchte sie sterben.
Aber wer kümmerte sich dann
um ihren Mann?
Seinetwegen muß sie leben,
seinetwegen die Mühsal
des Weiterlebens auf sich nehmen,
seinetwegen das Sterben vergessen.

In memoriam R. M.

Sein letzter Brief,
kurz vor seinem Tod:

*Seit sieben Jahren
hält mich der Krebs
in Atem.*

Du irrtest,
mein Freund:

Er raubte ihn dir,
den Atem,
Jahr für Jahr
immer mehr,
bis zum letzten Hauch!

Anachronismus

Ein Sterblicher
schreibt
unsterbliche
Verse.

Unzeitgemässe Frage

Nach Auschwitz
habe der Dichter
zu schweigen –

also totschweigen
das Gedicht?

III

Souterrain

Als Kind träumte er davon,
ein Türmer zu werden.
Er wollte weiter
als die anderen sehn.
Nun haust er
in einer Kellerwohnung,
betrachtet die Welt
von unten –
diese reduziert
auf Strümpfe oder Socken
in Schuhen,
vorbeihastend,
flanierend.
Die Welt hört auf für ihn
bei den Waden.

Im Turm

Sein Körper sei ein Turm,
sein Kopf die Turmstube,
in der er lebe
als Türmer.

Am liebsten lausche er
dem Taubengurren der Gedanken.

Niemals steige er hinunter
zu den unteren Bezirken,
nicht einmal bis zum Herzen,
diesem überlauten,
kaum auszuhaltenden Hammerwerk.

Er blicke durch Sehlöcher hinaus
auf die hispanisch weißen
Wolkenkaravellen, die ruhevoll
durch das Luftmeer segeln.

Einmal habe er auf dem Vorderdeck
Kolumbus gesehen,
wie er durch sein Fernrohr
Ausschau hielt.

Vielleicht war Land in Sicht,
womöglich das Paradies,
leicht zu verwechseln
mit Indien.

Ein Liebhaber der Sonnenuhren

Er sei ein Liebhaber
der Sonnenuhren,
sagt er,
auch an ihnen könne man ablesen,
wie die Zeit vergeht.
Er hasse es,
von einem Zeiger gehetzt zu werden,
der sich wie rasend
um sich selber dreht.
Dagegen der Schatten,
den der Stab einer Sonnenuhr wirft,
er wandert dahin,
ruhevoll,
bis er mit dem Untergehn der Sonne
aufhört zu sein.
So wünsche er sich
sein eigenes Sein
und Verlöschen.

Grausige Vorstellung

Innere Unruhe
zwingt mich
zum Gehen,
sagt er –
eine grausige Vorstellung,
zur Ruhe zu kommen,
zum Liegen,
im Bett erst,
im Grab dann!

LABYRINTH

Sein Leben
sei ein Labyrinth.

Immer sei er sich
einen Schritt voraus.

Darum werde er niemals
zu sich finden.

Als Marionette

Er spüre die Fäden,
an denen er hänge
und an denen einer ziehe,
ihm wider seinen Willen
Arme und Beine
zu Bewegungen zwinge,
die ihn lebendig
erscheinen ließen.
Er wisse sich als Marionette
in einem Theaterstück,
das man Leben nenne,
und falle der Vorhang,
deponiere man sie
in einer Truhe
bis zum Wiedergebrauch
in einem neuen Schauspiel
ungewisser Art,
ungewissen Zeitpunkts.

SCHILF

Ihn ängstige flüsterndes Schilf.
Er argwöhne Komplizenschaft
mit dem Wind,
die er nicht zu durchschauen vermöge.
Verwunderlich die Willfährigkeit
des Schilfrohrs gegenüber dem Wind,
dem es sich beuge,
sich von ihm zu seinem
Sprachrohr machen lasse,
obwohl ihm doch innewohne
die Unbeugsamkeit des Pfeils,
dessen Unbeirrbarkeit,
ein Ziel zu verfolgen,
ins Herz zu treffen.

Die Bäume

Die Bäume,
sagt er,
reden bei Wind,
schweigen bei Windstille.

In ihrem Reden,
Schweigen
fahren sie fort,
ungeachtet
unseres Seins,
Nichtseins.

DRUCKSTELLEN

Er pflückt Äpfel,
pflückt Apfel für Apfel
behutsam mit der Hand,
um Druckstellen zu vermeiden –
die Äpfel sollen nicht faulen –,
denkt dabei an die Druckstellen
in seinem Leben,
denkt an den Tod,
der ihn vielleicht vor dem
Allerschlimmsten bewahrt.

Grüne Äpfel

Der Baum,
sagt er,
hängt voller Augäpfel.
Unentwegt blicken sie mich an,
als sähen sie etwas in mir,
das sie erschreckt.
Ich werde nicht schlau
aus diesen lidlosen Augen,
die alles zu wissen scheinen
über mich,
kann mir nicht deuten
dieses starrende,
mich durchschauende
Grün.

Vor der Operation

Er sei zuversichtlich,
sagt er,
wieder aufzuwachen
aus der Narkose –

wenn nicht,
habe er wenigstens
seiner Todesfurcht,
die sich nach gelungener Operation
unweigerlich wieder einstellen werde,
ein Schnippchen geschlagen.

In der Intensivstation

In einer Reihe
die Todkranken,
Sterbenden,
getrennt voneinander
durch Stellwände,
Sichtblenden –

Wer aber würde schon,
wenn die letzte Stunde naht,
auf den anderen blicken,
der ihm – möglicherweise –
nur einen Lidschlag,
einen Aushauch
voraus ist!

ZWEI FREUNDE

Als einziger
ihm verbliebener Freund:
der Tod.

Mit diesem tauscht er
Rippenstöße aus,
vertraulich.

In seiner Gegenwart
macht er sich lustig
über die Angst,
die ihn befällt,
schilt sich einen Hasenfuß.

Denn was habe er schon
zu befürchten,
wenn sie zusammenhielten,
sie, die zwei Freunde,
er und der Tod!

Der Geiger

Fortwährend lebe er
in der Angst,
einen Finger zu verlieren.
Freilich, mit weniger
als fünf Fingern
ließe es sich zur Not
auch schreiben –
aber sei das ein Leben?

Aber wie klänge das!

Ob er wohl seine Geige
mitnehmen dürfe
auf die Toteninsel?

Ohne seine Geige
halte er es nicht aus,
auch nicht als Toter.

Vielleicht träfe er dort
seinen Schulfreund wieder,
dann könnten sie beide
die Wiener Sonatinen von Mozart
spielen wie damals
während ihrer Schulzeit –

Aber wie klänge das
mit Fingern,
nur Knochen!

Musik von drüben

Manchmal meine er,
Musik herüberzuhören
von drüben.

Könne es nicht sein,
daß auch die Toten
Flöte, Geige, Gambe spielen,
Mozart am *Forte piano* sitze
und dirigiere –

in einer Totenstadt,
nicht weniger lieblich
als Salzburg?

Der Musikliebhaber

Er erwarte sich drüben
keine musizierenden Engel
mit Gamben und Geigen.

Vielleicht aber treffe er drüben
Hermes an, den Götterboten,
der am Gestade des Mittelmeers
eine Schildkrötenschale fand,
Ziegendärme darüberspannte
und so die Leier schuf.

Er sei sich aber nicht sicher,
ob es auch drüben
Griechenland gebe.

ALTE FRAU

Kaum herausgekommen
aus ihrem Dorf,
allenfalls zu Kindstaufen,
Hochzeiten,
Leichenbegängnissen.

Alle zehn Jahre
eine Wallfahrt
nach Altötting.

Niemals in Lourdes,
geschweige denn in Rom.

Den Himmel
stellt sie sich so vor,
wie er an die Decke
der Dorfkirche gemalt ist.

Portner Petrus,
hofft sie,
werde sie persönlich empfangen.

Ihre einzige Sorge,
daß ihre Katze
sie überlebt,
keinen so gnädigen
Herrn finden wird
wie sie selbst.

Querschnittgelähmt

Seit zehn Jahren
liegt er im Bett,
querschnittgelähmt
nach einem Arbeitsunfall,
betrachtet den Wasserfleck
auf dem Plafond,
der immer deutlicher
die Umrisse Portugals annimmt.
In der Hafenstadt Porto
besteigt er eine Karavelle,
auf der er hinaussegelt
in die Weiten des Weltmeers,
gewillt, ein Land zu entdecken,
in dem man schwebt, fliegt,
heiter und leichten Herzens.

Geistig behindert

Auf ein Blatt Papier
malt er die Sonne
und heftet es
an die Wand seines Zimmers –

So kann ich mich wärmen an ihr,
sagt er,
wenn mich friert
nach all den vielen Menschen
in der U-Bahn.

Der Selbstmörder

Als er sich umbrachte,
dachte er wohl nicht
an das ewige Leben,
aus dem er sich nicht
wird fortstehlen können.

Nürnberger Eier

Über meinem Nachsinnen,
über die Unruh,
welche die Uhr
in Bewegung hält,
höre ich Peter Henlein sagen,
spüre ich sie nicht mehr,
die Unruhe in meiner Brust.

Er erfand die Federuhr
und baute die ersten Taschenuhren.
Ihrer Form wegen hießen sie
Nürnberger Eier.

DER BÄCKER

Sein Leben lang
Brot gebacken.

Wird er bestehen können
vor dem Herrn?

Wird dieser bestehen können
vor ihm, dem Bäcker?

Das himmlische Manna,
wird es aufwiegen
das irdische Brot?

Der Schlafwandler

Mit geschlossenen Augen
balanciert er
von Dachfirst zu Dachfirst.

In der Tiefe gähnen
die Straßenschluchten.

Noch stürzt er nicht ab.
Zu beiden Seiten stützt ihn
die Nacht.

Gut, so zu wandeln:
mit geschlossenen Augen
dem Morgen entgegen!

Das wirkliche Leben

Den Traum halte er für sein
wirkliches Leben.

Zwar gebe es auch in diesem
ein Sterben:
das Erwachen –

doch es gebe auch
ein Auferstehen:
in den Schlaf,
in den Traum,
in das wirkliche Leben.

Im Klostergarten

Inmitten ihrer Heilpflanzen
eine jätende Nonne,
gelehrige Nacheiferin
der Hildegard von Bingen.

Für jede Krankheit
ein jahrhundertelang
erprobtes Mittel.

Gegen die Unpäßlichkeiten
der Seele
beten drinnen in der Kapelle
die Mitschwestern an.

Im Kloster

Abgeschieden von der Welt
und ihrem Getümmel.
Nichts ereignet sich
als Stille.

Nichts wird sich ereignen
als das Hinscheiden des Leibs,
die Auffahrt der Seele
von der irdischen
in die ewige Stille.

Abälard und Heloïse

Abälard,
Sohn des Burgherrn von Le Pallet,
verführt als ihr Erzieher
die junge Heloïse,
Nichte des Kanonikus Fulbert von Paris.

In aller Heimlichkeit
schließen sie die Ehe,
um Abälards Laufbahn als Theologe
nicht zu gefährden.
Als sie dennoch ruchbar wird,
überfallen Gedungene Fulberts
Abälard und entmannen ihn.

Heloïse nimmt den Schleier,
wird später Äbtissin.
Abälard zieht sich ebenfalls
in ein Kloster zurück.
Dort schreibt er
Die Geschichte meiner Leiden
und ergänzt sie durch Briefe Heloïses,
Briefe einer großen Seele:
Mir war es immer
der Inbegriff aller Süße,
deine Geliebte zu heißen ...

Jetzt ruhen sie beide
auf dem Père Lachaise
in gemeinsamer Erde.
Was ihnen zu Lebzeiten verwehrt war,
die Liebe zwischen Fleisch und Blut,
erfüllt sich nun zwischen Gebeinen.

In der Gefangenschaft des Glaubens

Im Löwen- und Myrtenhof
der Alhambra
sehe ich sie lustwandeln,
Aben-Hamet,
den Letzten eines maurischen Königsgeschlechts,
und Donna Blanka,
Tochter des spanischen Herzogs von Santa-Fé,
und ich höre sie fordern,
lodernd vor Liebe:
Werde Christ,
und nichts kann mich hindern,
dir zu gehören! –
Werde Mohammedanerin,
und ich bin dein stolzer Gatte!
Jedoch, sie konnten nicht ausbrechen
aus der Gefangenschaft ihres Glaubens,
bleiben, ein halbes Jahrtausend
nach ihrem Hinscheiden,
Gefangene auch noch im Himmel,
jedes in dem seinen,
er im maurisch-mohammedanischen,
sie im spanisch-katholischen.

IV

Die Flüsse sind wandernde Wege,
die dorthin tragen,
wohin man gehen will.

    Blaise Pascal

Faustschlag in die Luft

Als Kind hieb ich voller Zorn
mit der kleinen Faust
in die Luft.
Kein Blitz fuhr vom Himmel herab,
kein strafender Finger Gottes
stach durch die Wolken
auf mich hernieder.
Aber je älter ich werde,
desto schmerzlicher spüre ich
Gottes Faust im Nacken.
Spät rächt er sich,
doch er rächt sich.

Was soll ich halten

von dir, o Herr,
der du kein Mitleid hast
mit deinen Geschöpfen?

Ohne deinen Willen
fällt kein Sperling vom Dach,
fällt uns kein Haar vom Haupt,
heißt es in der Bibel.

Ohne deinen Willen also
kein Quälen von Tieren,
kein Schinden von Menschen!

Was soll ich halten
von dir, o Herr,
nach dessen Willen
gequält und geschunden wird,
zu Tode gefoltert?

SCHÖNER MORGEN

Geweckt worden
durch einen Stich in der Brust.
Er erweist sich als die Spitze
eines Sonnenstrahls.
Schöner Morgen,
an dem ich mich unverwundbar wähne,
meine offene Brust
dem biete,
der mit Sonnenstrahlen ficht.

Zu später Stunde

Es ist so still,
daß ich das Einstürzen
der Luftschlösser höre,
das Wimmern der unter den
Trümmern Begrabnen.

Das meine
höre ich unter dem
der anderen
schon nicht mehr heraus.

WIEDERERKANNT

An meinem Fenster vorbei
streicht eine Krähe.
Ich sah sie schon einmal
im Mauritshuis zu Den Haag
in einer Averkampschen
Winterlandschaft,
der sie irgendwann
entflogen sein mag.
Ich bin mir sicher,
daß auch sie mich
wiedererkannt hat,
den Betrachter des Bildes
im Sommer 2000.

Hieronymus hat mich gemalt

Vor Hieronymus Boschens
Bild *Das Narrenschiff*
im Louvre.

Plötzlich sitze ich,
Narr unter Narren,
selber im Schiff,
das steuerlos
zum Paradies des Wahnsinns treibt:
Narragonia.

Hieronymus hat mich gemalt,
mir das spaßig-unfrohe Gesicht
des ein Spottlied singenden
Mönchs gegeben,
fast ein halbes Jahrtausend
vor meiner Geburt.

Abbitte

Mich peinigt,
daß meinem Sarg
vermutlich mehr Menschen folgen werden,
als demjenigen Mozarts,
dem nur ein einziger Grabgänger
hinterhertorkelte,
mitleidtrunken vom Wein,
und weil er gerade
nichts anderes zu tun hatte,
während die Freunde und Gaffer
umkehrten im Schneesturm.
Diese Zeilen
Mozart zur Abbitte.

Wenn es erlaubt wäre

Auf die Toteninsel
nähme ich,
wenn es erlaubt wäre,
mit:
Sergeij Rachmaninoffs
gleichnamige
symphonische Dichtung op. 29 –

Sie möge mir helfen,
so hoffe ich,
auszuhalten
die Totenruhe.

An den Tod

In deiner Hand
wird mir der Bogen zur Leier,
die Sehne zur Saite.

Hör ich sie klingen,
fürchte ich nicht mehr
den sirrenden Pfeil.

Das siebte Weltwunder

Keines der Sieben Weltwunder
gesehn.
Aber das siebte,
den Leuchtturm
auf der Insel Pharos,
habe ich deutlich vor Augen,
und wie er mir
hinüberleuchten wird
an die Küsten des Lichts.

Meine Augen

Einen Nachmittag lang
dem Wandern der Wolken zugesehn –
Nun finden meine Augen
keinen Halt mehr auf der Erde,
werden nicht eher zur Ruhe kommen,
als bis Erde sie bedeckt.

Nichts gelernt

Eine Stunde lang beschäftigt
mit der Beobachtung
einer Spinne,
die zwischen Blutweiderichstengeln
ihr Netz wob.
Dann verlor ich die Geduld.
Nichts gelernt
aus der Beharrlichkeit und Ausdauer
eines Wesens,
dem wir absprechen
Vernunft.

Wer ist das?

Die Wegwarte sieht mich an,
die Schafgarbe,
das Zittergras.

Den sie in mir sehen,
wer ist das?

Paradox

Wünschend,
in einem Land zu leben,
das es nicht gibt,
halte ich mich fest
an einem Haselnußzweig.

Spiegelbilder

Wird es der Fluß
im Gedächtnis behalten,
mein Spiegelbild?

Ich zweifle –
Gegenüber dem Spiegelbild
der Uferweide
ist das meine belanglos.

DRÜBEN

Einen Fluß
wünsche ich mir
drüben –
und Uferweiden,
unter denen ich sitzen darf,
eine Ewigkeit lang,
mein Spiegelbild im Wasser
betrachtend,
und wie dieses ihm
den Rest verbliebenen
Erdenleids
aus den Augen zu waschen
versucht –
wozu sie wohl nicht ausreicht,
die Ewigkeit.

Das Wasser des Flusses

ändert seine Sprache nicht
wie wir,
die wir immer neue Ausflüchte
und Finten erfinden.

Das Wort
der einen Welle
ist so wahrhaftig
wie das der andern,
ist ohne Falsch.

Auf den Fluß
kann ich bauen:
Auf seinen Schultern
wird er mich an das
jenseitige Ufer tragen.

Charons Nachen
wird es nicht bedürfen.

An der Amper

Unter einer Weide,
im Ufergras liegend,
sinne ich der mit dem Wasser
verfließenden Zeit nach.

Plötzlich, einen Ruderschlag nah,
legt ein Nachen an,
und einen Augenblick lang
stockt mir der Herzschlag.

Doch wäre es Charon,
er verkleidete sich wohl nicht
als harmloser Fischer.

Warten auf Charon

Im Bett,
ungewaschen und schlecht riechend,
soll er mich nicht antreffen,
Charon,
wenn er kommt,
mich an das jenseitige Ufer
zu rudern.
Ich will ihm entgegengehn
an den Fluß,
dort auf ihn warten,
rasiert
und duftend nach Eau de Cologne,
will Zwiesprache halten,
letztmals,
mit den Weiden,
mir die Stimme des Laubs einprägen
für drüben,
denn ich fürchte,
dort werde Sprachlosigkeit herrschen
und eisiges Schweigen.

Wenn der Fluss zufriert

Wenn der Fluß zufriert,
Charons Nachen es einschneit
am jenseitigen Ufer,
heißt es leben
mit der Hoffnung
auf Tauwetter.

In Erwartung

Das jenseitige Ufer
in Sichtweite.

Abgestoßen
der Kahn.

Ausholend
zum Ruderschlag,
Charon.

V

Keine Gefahr

Der Sirenengesang
der Sterne –
keine Gefahr für die mit der
Erdkugel am Fuß!

Warum genügt uns nicht die Erde?

Warum sehnen wir uns nach etwas,
das es nicht gibt?

Warum erfinden wir
den Garten Eden,
das Paradies,
Atlantis,
Avalun,
Orplid?

Warum genügt uns nicht
die Erde,
die zuverlässig
unsere Sehnsucht stillt?

Gottes unerforschlicher Ratschluss

Wenn Gott uns liebte,
ließe er uns ungeboren,
ungeschoren!

Warum das Leben
als Strafe –
für etwas,
das wir niemals begangen?

Warum Gottes Anwandlung
von Barmherzigkeit,
uns etwas zu vergeben,
das wir niemals begangen –

uns zu vergeben
durch die Gnade
des Sterbens?

Diesmal nicht?

Ist sich Gott
des Mißlingens
seines Ebenbildes
bewußt?

Verwirft er es deshalb,
läßt es wieder zu Staub zerfallen,
um es neu zu formen –

diesmal nicht
als sein Ebenbild?

MENSCHENHAND

Die Ähnlichkeit der Hand
mit dem fünfzackten Ahornblatt
täuscht Friedfertigkeit vor.

Hamburg im Feuersturm, Sommer 1943

Die vor dem Feuer
fliehenden Menschen
versanken bis zu den Knöcheln
im glühenden Asphalt.

Kein Herr Jesus
kam ihnen zu Hilfe.

Offenbar ist es leichter,
über Wasser zu wandeln,
als über glühenden Asphalt.

WIR SOLLTEN UNS NICHT ÜBERSCHÄTZEN

Wir sollten uns nicht überschätzen
mit unserer Sprache,
mit der wir höhnen, spotten,
geifern, keifen, schmähen,
nicht bestehen können
neben der Sprache
der Wale, Delphine!

Das Licht

In Blöcken
kommt es aus
Carrara.

Daraus gemeißelt
die Stele,
der Tag.

Sommermittag

Flüstern schon
wäre ein Vergehen
gegen die Stille.

Es genügt,
wenn ein Libellenflügel
mit dem anderen spricht.

In wenigen Augenblicken

Den Wolken zusehn,
wie sie sich zu Eisbergen formen,
Erdgeschichte vorführen
in wenigen Augenblicken.

Plötzlich ein Eisbär,
der die Pranke hebt,
zum Schlag ausholt,
indessen er sich auflöst.

WOLKEN

Wolken
mit Löwenmähnen.

Wolken
mit dem Vlies von Lämmern.

Wolken
voller Friedfertigkeit.

Augenfällig der Garten Eden,
in dem die Wesen
einander kein Leides tun –

wenn sie nicht wäre,
die Wolke
mit dem Wipfel des Baums
der Erkenntnis von Gut und Bös,

wenn sie nicht wäre,
die Wolke
mit dem Menschengesicht.

Wie angenehm zu gehen

bei Regen,
wenn die Geräusche
des maßlosen Lebens
verstummt sind,
nur die Regentropfen
reden
in einer Sprache,
die wohltut!

Der Name auf dem Grabstein

Der Name auf dem Grabstein
wärmt sich an der Sonne,
atmet Wind,
trinkt Regen,
lebt,
hat keine Furcht
vor wucherndem Moos.

KARNER

Schädel an Schädel.
Backenknochen an Backenknochen.
Niemals zu Lebzeiten
hätte man sich so eng,
Wange an Wange,
aneinandergeschmiegt.

Der Tod treibt eine
Zärtlichkeit ein,
die schaudern macht.

Nicht wiedergutzumachen

Das Leben:
eine Aberration
der Ewigkeit –

nicht wiedergutzumachen
durch den Tod.

Träume

Träume,
in denen dir
ein Luftsprung gelingt,
ohne daß du zurückfällst
auf die Erde.

Träume,
in denen du schwebst –

die Erdkugel am Fuß
nur mehr eine Seifenblase,
die platzt.

Wenigstens Atlantis

Mit dem Hinscheiden
von dieser Erde
begänne eine Reise
ins Ungewisse.

Man wähne sich zwar auf dem Weg
zum Paradies,
wahrscheinlich aber gehe es einem
wie Kolumbus,
der nach Indien wollte
und in Amerika landete.

Vielleicht finde man zwar nicht
das Paradies,
aber doch wenigstens ein Land,
diesem benachbart,
Atlantis.

Anmerkungen:

Drei Sekunden, Seite 10: *Iatz kimp a! = Jetzt kommt er!*

Das erste Gedicht, Seite 12: Das erste Gedicht des Autors ist am 18. Juni 1953 entstanden.

Eine Handvoll Körner, Seite 13: Die Groißmeier, nachweisbar im ehemaligen Dachauer Landgerichtsbezirk ab 1554, Untertanen auf der Sölde Etzenhausen des Grundherrn auf der Hofmark Deutenhofen, Baron Mändl, Kurfürstlicher Hofkammerrat.

Oblomow, Seite 39: Chalat = sehr weites, schlafrockähnliches Seidengewand persischer Herkunft

In der Gefangenschaft des Glaubens, Seite 87: Granada nach der Eroberung durch die Spanier 1492

INHALT

I

Scherzbolde · 7
Lehrstunde beim Vater · 8
Damals, im Mai 1945 · 9
Drei Sekunden · 10
Die Würde des Todes · 11
Das erste Gedicht · 12
Eine Handvoll Körner · 13
Was bleibe ich ruhig? · 14
Doppelhaiku · 15
Gelungener Tag · 16
Offenbarung · 17
Auch in Gedichten · 18
Unzulängliche Zeugen · 19
Mein Portrait · 20
Beim Lesen in einer Anthologie · 21
Sentenz · 22
Ankunft in Rom · 23
Rom, StErzählione Termini · 24
Fremd in Rom · 25
Im Park der Villa Massimo · 26
Pini Romae · 29

II

Der Maler sagt · 33
Torso · 34
Morandis Schalen · 35
Vincent van Gogh · 36
Gotteslohn · 37
Der König von Spanien · 38
Oblomow · 39
Tschechow lesend · 40

Leb wohl, mein Freund, leb wohl! · 41
An Mandelstamm · 42
Apollinaire · 43
Novalis · 44
Hölderlin · 45
Heinrich Heines Gedichte · 46
Robert Walser · 47
Erinnerung an Friedrich Schnack · 48
H. B. zum Gedenken · 49
Der Dichterfreund · 50
Ein Freund der Dächer · 51
Die Frau des Dichters · 52
In memoriam R. M. · 54
Anachronismus · 55
Unzeitgemäße Frage · 56

III

Souterrain · 59
Im Turm · 60
Ein Liebhaber der Sonnenuhren · 61
Grausige Vorstellung · 62
Labyrinth · 63
Als Marionette · 64
Schilf · 65
Die Bäume · 66
Druckstellen · 67
Grüne Äpfel · 68
Vor der Operation · 69
In der Intensivstation · 70
Zwei Freunde · 71
Der Geiger · 72
Aber wie klänge das! · 73
Musik von drüben · 74
Der Musikliebhaber · 75
Alte Frau · 76
Querschnittgelähmt · 77

Geistig behindert · 78
Der Selbstmörder · 79
Nürnberger Eier · 80
Der Bäcker · 81
Der Schlafwandler · 82
Das wirkliche Leben · 83
Im Klostergarten · 84
Im Kloster · 85
Abälard und Heloïse · 86
In der Gefangenschaft des Glaubens · 87

IV

Faustschlag in die Luft · 91
Was soll ich halten · 92
Schöner Morgen · 93
Zu später Stunde · 94
Wiedererkannt · 95
Hieronymus hat mich gemalt · 96
Abbitte · 97
Wenn es erlaubt wäre · 98
An den Tod · 99
Das siebte Weltwunder · 100
Meine Augen · 101
Nichts gelernt · 102
Wer ist das? · 103
Paradox · 104
Spiegelbilder · 105
Drüben · 106
Das Wasser des Flusses · 107
An der Amper · 108
Warten auf Charon · 109
Wenn der Fluß zufriert · 110
In Erwartung · 111

V

Keine Gefahr · 115
Warum genügt uns nicht die Erde? · 116
Gottes unerforschlicher Ratschluß · 117
Diesmal nicht? · 118
Menschenhand · 119
Hamburg im Feuersturm · 120
Wir sollten uns nicht überschätzen · 121
Das Licht · 122
Sommermittag · 123
In wenigen Augenblicken · 124
Wolken · 125
Wie angenehm zu gehen · 126
Der Name auf dem Grabstein · 127
Karner · 128
Nicht wiedergutzumachen · 129
Träume · 130
Wenigstens Atlantis · 131

Anmerkungen · 132